Correspondance

DU

MARQUIS DE LABRADOR,

AMBASSADEUR D'ESPAGNE A ROME,

AVEC

M. MARTINEZ DE LA ROSA,

Ministre des Affaires Étrangères, à Madrid,

AU SUJET D'UN MONSTRUEUX ABUS DE POUVOIR DE CE MINISTRE.

Traduction d'une Dépêche de M. Martinez de la Rosa à M. de Labrador.

Sa Majesté la Reine Régente a pris connaissance de votre lettre du 11 Avril, et en conséquence a daigné décider que vous restiez privé de toute pension et de toute place, et déchargé (*exonerado*) de tous les honneurs, décorations et autres distinctions dont vous jouissiez dans l'Etat.

Je vous en fais part par ordre de Sa Majesté, pour que vous en soyez instruit et pour que vous vous y conformiez.

Dieu vous garde grand nombre d'années.

Aranjuez, le 6 Mai 1834.

Signé FRANCISCO MARTINEZ DE LA ROSA.

A M. Don Pedro Labrador.

Enterada S. M. la Reina Gobernadora del oficio de V. fecha 11 de Abril, se ha serirdo resolver en su vista que quede V. privado de todo sueldo y empleo y exonerado de todos sus honores, con decoraciones y demas distinciones que gozaba en el Estado.

De Real orden lo comunico a V. para su inteligencia y gobierno.

Dios gue a V. muchos años.

Aranjuez, 6 de Mayo de 1834.

FIRMADO **FRANCISCO MARTINEZ DE LA ROSA.**

Señor Don Pedro Labrador.

J'ai reçu votre dépêche datée d'Aranjuez le 6 Mai dernier, dans laquelle vous me faites part que, vu ma lettre du 11 avril, je reste privé de toute place et pension, et déchargé (*exonerado*) de tous les honneurs, décorations et distictions dont je jouissais dans l'État.

L'empressement que vous avez mis à me faire cette communication ne vous a pas laissé réfléchir que, parmi mes places, j'ai depuis l'année 1814, celle en propriété de Conseiller d'État, place assermentée de laquelle, suivant les lois du royaume, je ne puis être privé sans procès et sentence. Vous n'avez pas non plus eu le tems de réfléchir qu'une de mes décorations espagnoles est le Collier de la Toison d'Or; et pour que je puisse en être dépouillé il faudrait, en conformité de la constitution de l'ordre, que le Chapitre me déclarât indigne d'en faire partie, après une accusation de crime et ma défense. La simple dépêche d'un Secrétaire d'État ne peut nullement suppléer le défaut de ces dispositions exigées par les lois. Vous faites encore plus et me privez du titre d'Excellence, et me donnez simplement celui de *vous*, sans faire attention qu'en outre de mes dignités et décorations nationales, j'ai deux grands cordons des Deux-Siciles et le titre de Marquis, qui me fut accordé par le souverain de ce royaume en 1829, quand j'eus l'honorable mission de demander en mariage, pour notre feu Roi, S. M. la Reine, au nom de laquelle vous m'annoncez la perte de tous mes honneurs, distinctions et pensions. Quelque étendus que soient à vos yeux les pouvoirs de votre ministère, il ne paraît pas possible que vous vous croyiez autorisé à me dépouiller même des distinctions que la Cour des Deux-Siciles m'accorda pour récompenser les services importants rendus par moi au grand père et au père de la Reine dont vous êtes ministre. Ainsi je dois croire que si, dans votre dépêche,

He recibido un oficio de V. con la fecha de Aranjuez en 6 de Mayo último y en él me participa que en vista de mi carta del 11 de Abril quedo privado de todo sueldo y empleo y exonerado de todos los honores, condecoraciones y demas distinciones de que gozaba en el Estado.

La prisa de V. en hacerme esta comunicacion no le ha dejado reflexionar que entre mis destinos tengo desde el año de 1814 el de Consejero de Estado en propriedad y que esta plaza, siendo jurada, no puedo segun las leyes de Reino ser despojado de ella sin formacion de causa y sentencia competente. Tamporo ha reflexionado V. que una de mis condecoraciones españolas es el Collar del Toison de Oro; y para poder ser privado de el es necessario, segun los estatutos de la fundacion, una decision del Capitulo de la orden declarandome indigno previa acusacion y legitima defensa. Un oficio de un Secretario de Estado no puede suplir la falta de aquellas disposiciones legales. V. pasa mas adelante y me quita el tratamiento dandome simplemente el de V. sin tener presente que ademas de mis empleos y condecoraciones nacionales tengo dos grandes cruces de las Dos-Sicilias y el titulo de Marques que me fue precisamente dado cuando en 1829, tuve la honrosa comision de pedir para esposa del difunto Rey á S. M. la Reina, en cuyo nombre me comunica V. la perdida de todos mis honores, distinciones y sueldo. Por muy grandes que sean á los ojos de V. las facultades de su ministerio no parece posible que se crea autorizado á despojarme hasta de las distinciones con que la Corte de las Dos-Sicilias premió los servicios importantes que la hice en tiempo del abnelo y padre de la Reina, de quien es V. Ministro. Por lo tanto debo creer que si V. me ha tratado en su oficio sin ceremonia ha sido solamente por señal de amistosa confianza y para imitar

vous me traitez sans façon, vous le faites seulement comme marque de
confiance amicale; et, pour vous imiter, je vais supprimer aussi dans
cette lettre le titre d'Excellence qui vous est dû.

Pour ce qui regarde le point principal, vous me dites dans votre dépêche que l'on me prive de toute place, pension, décoration et distinc-
tion, en punition de ma lettre du 11 Avril dernier. Ainsi, selon vous-
même, mon seul crime est le contenu de cette lettre. Comme j'en
conserve une copie fidèle, et qu'il s'agit d'une affaire qui me regarde, je
me suis décidé à faire imprimer cette lettre, afin que toutes les personnes
sensées puissent juger entre vous et moi. J'ai lu plusieurs fois cette
lettre, et je n'ai pu y voir une ombre de crime, si vous ne prétendez pas
que ce soit un crime, même un crime capital, d'avoir dit qu'aussitôt
que je reçus la nouvelle de la mort du Roi Ferdinand, je connus que, dans
le triste tems qui allait la suivre, il ne me serait pas possible de continuer
mon service. Je regrette beaucoup que le tems soit plus sombre encore
et plus affreux que mes pressentimens ne me l'annonçaient, et je doute
fort que vous et vos collègues trouviez que c'est une époque de bonheur
et de gloire, bien que la fortune continue encore à vous combler de
ses faveurs; mais peut-être c'est une imprudence de ma part de parler
de tems et d'époque, et je termine cette lettre en vous disant que tant que
vous n'aurez pas le pouvoir de me priver de mon nom, vous ne pourrez
me faire aucun tort, puisque mon nom donnera toujours l'idée d'une
loyauté sans tache; il annoncera une âme espagnole, qui a toujours re-
gardé comme un opprobre l'influence des étrangers dans le gouvernement
du Royaume, et enfin il rappellera des services supérieurs aux récom-
penses obtenues.

Dieu vous garde grand nombre d'années.

Paris, ce 24 *Juin* 1834.

Signé PEDRO GOMEZ LABRADOR.

M. Francisco Martinez de la Rosa.

su llaneza suprimo yo tambien en esta mi respuesta el tratamiento de Excelencia que le corresponde.

En cuanto al punto esencial V. dice en su oficio que se me priva de todo sueldo, empleo, condecoracion y distincion en vista de mi carta de 11 de Abril último. Asi mi único delito es, segun V. mismo, aquella carta. Como yo conservo una copia fiel de ella y se trata de asunto propio mio, he resuelto imprimirla para que todos los hombres sensatos puedan formar juicio entre mi y V. Yo he leido muchas veces aquella carta y no he podido descubrir sombra de delito en ella, á no ser que V. pretenda que es delito y delito capital el decir que luego que recibi la noticia de la muerte del Rey Fernando conoci que en el triste tiempo que se presentaba no me seria posible continuar sirviendo. Me pesa mucho que el tiempo sea aún mas negro y calamitoso que lo que yo temia; y dudo que V. y sus compañeros hallen que es época de felicidad y de gloria, aunque les continue todavia individualmente sus favores la fortuna; pero acaso es imprudencia de parte mia hablar de tiempo y de época; y concluyo con decir á V. que mientras V. no tenga la facultad de privarme de mi nombre no habrá adelatando nada, pues mi nombre dará simpre la idea de una lealtad sin mancha, anunciará una alma española que ha mirado siempre como un oprobio la influencia de los gabinetes extrangeros en el gobierno del Reino; y en fin recordora servicios superiores á los premios conseguidos.

Dios gue a V. m. a.

Paris, 24 de Junio 1834.

FIRMADO **PEDRO GOMEZ LABRADOR.**

Señor Don Francisco Martinez de la Rosa.

Traduction d'une Dépêche de M. Martinez de la Rosa.

Sa Majesté la Reine Régente a daigné ordonner que Votre Excellence cesse dans ses fonctions d'Ambassadeur d'Espagne à Rome, en présentant, la forme accoutumée, le Secrétaire d'Ambassade Don Paulino Ramirez de la Piscina comme Chargé d'Affaires, jusqu'à l'arrivée de l'Envoyé extraordinaire et Ministre Plénipotentiaire dernièrement nommé.

Ce que je vous communique par ordre de S. M. pour l'exécution et effets qui en sont la conséquence.

Dieu garde V. E. grand nombre d'années.

Madrid, le 14 Mars 1834.

Signé FRANCISCO MARTINEZ DE LA ROSA.

A M. l'Ambassadeur de S. M. à Rome.

Oficio de Don Francisco Martinez de la Rosa al Marqués de Labrador.

Excmo Señor

S. M. la Reina Gobernadora se ha servido resolver que V. E. cese en sus funciones de Embajador de España en esa Corte, y que presente en la forma acostumbrada al Secretario de la Embajada Don Paulino Ramirez de la Piscina como Encargado de Negocios hasta la llegada del Enviado Extraordinario y Ministro Plenipotenciario nuevamente nombrado.

De Real orden lo digo á V. E. para su cumplimiento y efectos consiguientes.

Dios gue á V. E. muchos años.

Madrid, 14 de Marzo de 1834.

Firmado FRANCISCO MARTINEZ DE LA ROSA.

Señor Embajador de S. M. en Roma.

Très Excellent Seigneur,

J'ai présenté le 9 de ce mois M. le Cardinal Secrétaire-d'Etat, le Secrétaire de cette Ambassade, Don Paulino Ramirez de la Piscina, comme Chargé d'Affaires d'Espagne, et le même jour j'ai cessé mes fonctions d'Ambassadeur, comme vous me l'aviez ordonné par votre dépêche du 14 Mars dernier.

Je sers depuis trente-cinq ans avec le caractère de Ministre Plénipotentiaire et d'Ambassadeur, et, dans un tems aussi fécond en nouveautés et en grands bouleversemens, j'ai été chargé des plus difficiles et délicates commissions diplomatiques. Celle de traiter avec Buonaparte, en 1808, sur la cession qu'il prétendait de la couronne d'Espagne, était la plus grave et la plus épineuse qui pouvait s'offrir, et en même tems très-dangereuse, circonstance qui, rarement ou jamais, n'avait eu lieu jusqu'alors dans l'exercice de la diplomatie ; le Roi Ferdinand, invité par Buonaparte à se rendre à Bayonne pour une conférence amicale, était allé se mettre en son pouvoir, contre mon avis et malgré l'opinion publique hautement manifestée par le peuple sensé et fidèle de Vittoria. Sa Majesté, qui avait vécu jusqu'alors sans autre société que celle de ses domestiques et de quelques courtisans, préféra dans cette occasion leurs conseils, ce qui ne doit pas étonner, parce que Sa Majesté et ceux qui avaient une si grande influence sur son esprit ne connaissaient Buonaparté que par le beau côté de ses victoires ; en conséquence ils le

Respuesta del Marqués de Labrador a Don Francisco Martinez de la Rosa.

Excmo Señor,

Muy Señor mio : En nueve del corriente he presentado al Cardenal Secretario de Estado el Secretario de esta Embajada Don Paulino Ramirez de la Piscina en calidad de Encargado de Negocios de España, y en el mismo dia he cesado en la Embajada como V. E. me lo previno en oficio de 14 de Marzo último.

Hace trinta y cinco años que sirvo con el carácter de Ministro Plenipotenciario y de Embajador; y en un tiempo tan fecundo en novedades y en grandes trastornos he tenido á mi cargo las mas arduas y delicadas comisiones diplomaticas. La de tratar con Buonaparte en 1808 sobre la cesion que pretendia de la corona de España era la mas grave y dificil que podia ofrecerse, y al mismo tiempo peligrosisima; circunstancia que rara vez ó nunca se habia hallado hasta entonces en el ejercicio de la diplomacia. Convidado por Buonaparte á Bayona á una conferencia amistosa, el Rey Fernando habia ido á ponerse en su poder contra mi dictamen, y á pesar de la opinion pública manifestada altamente por el pueblo sensato y fiel de Vitoria. S. M. que habia vivido sin mas trato que el de sus criados y el de pocos cortesanos, prefirió en esta ocasion los consejos de ellos; lo que no debe causar maravilla porque S. M. y los que tenian influjo sobre su ánimo conocian a Buonaparte solamente por sus victorias. Por consigniente lo tenian por un héroe que reunia con un immenso poder una gloria militar, sin igual en los siglos modernos, como era

croyaient un héros, qui réunissait avec un immense pouvoir, une gloire militaire sans égale dans les siècles modernes, comme c'était la vérité, car alors n'avait pas encore paru le grand capitaine qui, après avoir vaincu avec des forces presque toujours inférieures tous les généraux qui lui avaient été opposés, triompha à Waterloo de Buonaparte lui-même, et le força à lui céder la première place. Buonaparte l'occupait en 1808; mais ni ses victoires, ni sa domination n'avaient pu changer son caractère incapable de générosité et de grandeur. Naturellement bas et perfide, il se plaisait à obtenir par la ruse cela même que sans grande difficulté il pouvait avoir par la force. Fidèle à cet instinct, il avait préparé de longue main l'invasion d'Espagne, caressant l'ambition démesurée d'un favori qui, à l'ombre de la faveur de Charles IV, détruisait et déshonorait la monarchie depuis la mort de Charles III. Godoy avait obtenu tous les honneurs et tous les titres connus, et l'on en avait inventé d'autres exclusivement pour lui, mais il les trouva bientôt de peu de prix, dans un tems où il y avait en Europe un homme qui distribuait des couronnes, et qui vendait des souverainetés. Des pleins pouvoirs donnés par Charles IV à son insatiable favori, et substitués par lui à un intrigant, donnèrent lieu à un traité qui coûta à l'Espagne quatorze ou quinze millions de piastres fortes et la cession de la Toscane, possédée alors par la Maison de Parme, à laquelle on donnait en échange Oporto avec un territoire de trois cent mille habitans, et l'on faisait des sacrifices aussi extraordinaires pour créer la Principauté des Algarves en faveur de celui qui avait procuré tant de biens et tant d'honneurs à la monarchie et à la nation espagnole. Pour exécuter cette incroyable convention, on prit des dispositions également extraordinaires. Une partie principale de l'armée espagnole passa en Portugal, incorporée avec l'armée française, et une autre fut envoyée en Danemarck, sous les ordres du maréchal français Bernadotte. L'invasion d'Espagne, facilitée de cette manière, une très-nombreuse armée française, passa les Pyrennées, et fut reçue par ordre de Charles IV comme amie, et après avoir occupé la capitale d'Espagne, s'empara, par le moyen de viles ruses, des principales forteresses, et inonda le royaume. Dans cet état le trouva le Roi Ferdinand quand, par la renonciation de son père, il monta sur le trône, en Mars 1808; et un mois après S. M. était à Bayonne, entre les bras de son intime ami et allié l'Empereur des Français qui l'embrassa pour l'étouffer. Appelé peu de jours après à Marrac,

realmente, pues todavia no se habia aparecido el Gran Capitan que, despues de haber vencido con fuerzas casi siempre inferiores todos los Generales franceses, triunfó en Waterloo de Buonaparte mismo y lo forzó á cederle el primer puesto. Buonaparte lo ocupaba en 1808, pero ni sus victorias ni su dominacion habian podido mudar su carácter incapaz de generosidad y grandeza. Naturalmente bajo y pérfido se deleitaba en conseguir con engaño lo que sin gran dificultad podia alcanzar por la fuerza. Fiel á su instinto habia preparado muy de antemano la invasion de España fomentando la ambicion desmesurada de un valido que, á la sombra del favor de Carlos IVº, destruia y envilecia la monarquía desde la muerte de Carlos IIIº. Habia conseguido aquel todos los honores y titulos conocidos, y se habian inventado exclusivamente para él otros nuevos; pero muy pronto le parecieron de poco precio en un tiempo en que habia quien repartia coronas y vendia soberanias. Unos plenos poderes, dados por Carlos IVº á su iusaciable favorito y substituidos por él á un intrigante, dieron lugar á un tratado que costó á España catorce ó quince millones de pesos fuertes y la cesion de la Toscana poseida por la Casa de Parma, á quien se daba en cambio Oporto con un territorio de trescientos mil habitantes, haciendose tan extraordinarios sacrificios para crear el Principado de los Algarves en favor del valido, qué tantos bienes y tanto honor habia procurado á la monarquia y á la nacion española. Para poner en ejecucion aquel increible convenio se tomaron disposiciones igualmente extraordinarias. Una parte principal del ejercito español pasó á Portugal incorporada con las tropas francesas, y otra se envió á Dinamarca á servir bajo las órdenes del Marsicrl francés Bernadotte. Facilitada de esta manera la invasion de España, pasó los Pirineos un numerosisimo ejército frances que, recibido de órden de Carlos IVº como amigo, ocupó la Capital, se apoderó con viles estratagemas de las principales fortalezas e inundó el Reino. Asi lo halló el Rey Fernando cuando, por renuncia de su padre, subió al trono en Marzo de 1808, y un mes despues estaba S. M. en Bayona en los brazos de sin intimo amigo y aliado que lo abrazó para ahogarlo. Llamado S. M. pocos dias despues à Marrac con el Infante Don Carlos, Buonaparte les pidió la renuncia de sus derechos á la corona de España, y como atónitos tardasen en responder, aquel hombre, á quien llaman todavia Grande los que participaban de sus rapiñas, haciendo por si mismo el asesino les dijo con airada voz:

avec l'Infant Don Carlos, Buonaparte exigea d'eux la cession de leurs droits à la couronne d'Espagne, et comme, saisis de stupeur, ils tardaient à répondre, l'homme qui est encore appelé Grand par ceux qui partageaient ses rapines, faisant lui-même l'assassin, leur cria : « *La cession ou la mort !* » Ce fut après cette scène d'horreur que le Roi Ferdinand me donna ses pleins pouvoirs pour traiter avec Buonaparte, comme s'il était possible de traiter avec un tigre. Je n'avais rien à espérer ni à craindre d'un Roi réduit à un aussi triste état, et Buonaparte me faisait, par son Ministre des Affaires Etrangères, les plus magnifiques promesses si, en vertu de mes pleins pouvoirs, je faisais la renonciation demandée, et il ne me laissait point non plus ignorer le sort qui m'attendait si je résistais et élevais la voix pour m'opposer à la volonté de celui à qui on avait appliqué le texte de l'Ecriture Sainte, en disant que « *devant lui se taisait l'Univers* », comme si dans cet Univers il n'y eût une région appelée Espagne. Je donnai dans cette occasion le bon exemple de préférer la colère du tyran à ses bienfaits, et au lieu de ses infâmes honneurs et de ses vils trésors, j'acceptai la captivité, et j'aurais accepté la mort. Je fis ce qu'aurait fait tout Espagnol digne de ce nom, mais enfin ce fut moi qui le fis, et il n'y en avait pas alors, parmi les personnes marquantes d'Espagne, beaucoup qui fussent capables d'un tel effort, comme l'expérience le fit voir peu de jours après, quand les Grands, les Prélats, les Généraux, les Magistrats et des hommes de lettres de la plus grande renommée furent appelés à Bayonne, en nombre presque de cent, et tous, sans exception, mirent aux pieds de Joseph Buonaparte la reine des nations, lui prêtant serment comme Roi d'Espagne et des Indes. Quand le Roi Ferdinand recupera, en 1814, son trône, je fus envoyé à Paris, comme Ambassadeur, pour faire le traité de paix de la même année, et ensuite au Congrès de Vienne. Dans ces deux occasions j'ai eu le bonheur de rendre des services importans à ma patrie et à l'Europe. Presque tous les Souverains me connaissent, et m'ont montré de l'estime, et les cinq Souverains Pontifes auprès desquels j'ai résidé comme Ministre Plenipotentiaire ou comme Ambassadeur m'ont honoré de leur confiance. Telle était la situation dans laquelle m'avait placé la Providence quand il lui plut d'appeler à elle feu le Roi, et de ce moment je connus que, dans le triste tems qui se présentait, il ne me serait pas possible de servir, étant d'une opinion entièrement opposée à celle que l'on avait adoptée, et ne voyant

« *La cesion ó la muerte!* » En esta situacion me dió S. M. sus plenos poderes para tratar con Buonaparte, como si fuese posible negociar con un
tigre. Nada tenia yo que esperar ni que temer de un Rey reducido á tan
triste estado, y Buonaparte me hacia por su Ministro de Estado las mas
magnificas promesas si, en uso de mis plenos poderes, hacia la renuncia
que pedia, y no me dejaba ignorar la suerte que me esperaba si me resis-
tia y alzaba la voz para oponerme á la voluntad de aquel, de quien abu-
sando de la Sagrada Escritura habian dicho que delante de él enmudecia
el Universo, como si en este Universo no hubiese una nacion llamada
España. Dí el buen ejemplo de preferir la cólera del tirano á sus bene-
ficios, y en lugar de sus infames honores y de sus viles tesoros, acepté el
cautiverio y hubiera aceptado la muerte. Hice lo que todo Español,
digno de este nombre, hubiera hecho; pero en fin fui yo quien lo hice y en
aquel tiempo no habia entre los Próceres y personas notables de España
muchos capaces de aquel esfuerzo, como se vió pocos dias despues
cuando los Grandes, los Prelados, los Generales, los Magistrados y los
Literatos de mas fama fueron llamados á Bayona en número casi de ciento,
y todos siu excepcion pusieron á los piés de Josef Buonaparte la reina
de las naciones, jurandolo por Rey de España y de las Indias.
Vuelto el Rey Fernando á su trono en 1814 me envió á Paris como Embajador á hacer el tratado de paz de aquel año, y despues al Congreso de
Viena. En ambas ocasiones tuve la buena suerte de hacer importantes
servicios á mi patria y á la Europa. Soy conocido de casi todos los Sobe-
ranos de ella y he recibiho pruebas de su estimacion. Los cinco Sumos
Pontifices cerca de los cuales he residido como Ministro Plenipotenciario
ó como Embajador me han honrado con su aprecio y con su confianza.
Tal era la situacion en que me habia puesto la Providencia, cuando le
plugó llamar á sí al difunto Rey, y desde luego conoci que en el triste
tiempo que se presentaba no me seria posible servir por ser mi opiuion
enteramente opuesta á la que se habia adoptado, y por no haber en el
sistema actual ni honra ni provecho que procurar à mi patria. Por lo
tanto en el mismo dia en que llegó la noticia del fallecimiento del Señor
Don Fernando VII° manifesté al Cardenal Secretario de Estado mi deter-
miuacion de cesar en la Embajada, y la misma manifestacion hice pocos
dias depues al sumo Pontifice; pero Su Santidad me respondió que es-
tando resuelto á no renoncer el nuevo órden de succesion á la corona

dans le système actuel, ni honneur ni profit à procurer à mon pays. Ainsi, dans le même jour que je reçus la nouvelle de la mort du Roi Ferdinand VII, je manifestai au Cardinal Secrétaire d'État ma détermination de cesser mon Ambassade, et peu de jours après je fis la même manifestation au Saint Père; mais S. S. me répondit qu'étant décidé à ne pas reconnaître le nouvel ordre de succession à la couronne introduit par feu le Roi, et désirant malgré cela conserver ses rapports avec l'Espagne, il était nécessaire que je continuasse comme Ambassadeur, en vertu des lettres de créance de feu le Roi; comme le désir de S. S. était ce que l'on pratique en pareils cas, j'ai dû m'y conformer, et continuer, malgré moi, dans l'exercice de l'Ambassade, mais protestant toujours que cela était en vertu des lettres de créances de feu le Monarque. — Votre Excellence connaîtra par cette exposition que sa dépêche pour m'ordonner de cesser mes fonctions dans cette Ambassade m'a été très-agréable, parce qu'elle est conforme à mes intentions.

Dieu garde V. E. grand nombre d'années.

Rome, le 11 *Avril* 1834.

Signé **PEDRO GOMEZ LABRADOR.**

A M. le Premier Secrétaire d'État.

introducido por el difunto Rey y deseando no obstante conservar sus re-
laciones con España, era indispensable que yo continuàse como Embajador en virtud de las credenciales de aquel soberano. Como este deséo de
Su Santidad era conforme á lo que se practica en tales casos, debí confor-
marme con él y continuar, á pesar mio, en el desempeño de la Embajada ; pero protestando siempre que era en fuerza de las credenciales del
difunto Monarca. — V. E. verá por lo expuesto que su oficio previnien-
dome que cesara en esta Embajada ha sido recibido por mi con suma
complacencia por ser conforme con mis intenciones.

Dios gue a V. E. muchos años.

Roma, 11 *de Abril de* 1834.

FIRMADO **PEDRO GOMEZ LABRADOR.**

Señor Primer Secretario de Estado.

introducido por el Santo Rey y dejando no obstante conservar sus re-
laciones con España, era indispensable que yo continuase como Monarca en virtud de las credenciales de aquel soberano. Cuanto se decia de
Su Santidad era conforme á lo que se sometía en tales casos, debí confor-
marme con él y accedí de lleno, en el desempeño de la obliga-
ción; pero protestando siempre que en la Iglesia de los que serían del
distinto Diácono. —Y fue por lo expuesto que yo ofrecí permanecer
donde me hallase en ella. Trasladada su vida recibido por el conducto
permaneció por su contorno cuyos brillantes.

9 782019 278205